Friedel Weise-Ney / Martin Ebner / Ralf Wolf (Hrsg.)

wort_gefechte

Lyrikanthologie zum Internationalen Karlspreis 2022

Bibliografische Information der Deutschen Nationalbibliothek

Die Deutsche Nationalbibliothek verzeichnet diese Publikation
in der Deutschen Nationalbibliografie; detaillierte bibliografische
Daten sind im Internet über http://dnb.d-nb.de abrufbar.

1. Auflage, Mai 2022

Mit freundlicher Unterstützung
durch das Literaturbüro in der Euregio Maas-Rhein e.V.
www.literaturbuero-emr.de

Titelbild © Vera Sous
„out of control", textiles Objekt
www.vera-sous.de

Texte © bei den Autor:innen

Fotos © Friedel Weise-Ney
www.weise-ney.com

Gestaltung: Ralf Wolf
www.autorenservice.net

Herstellung und Verlag:
BoD – Books on Demand, Norderstedt

ISBN: 978-3-756206-45-2

Friedel Weise-Ney / Martin Ebner / Ralf Wolf (Hrsg.)

wort_gefechte

Eine Lyrikanthologie mit Texten der
Teilnehmer:innen am Offenen Lyriktreff
des Literaturbüros in der Euregio Maas-
Rhein mit Sitz in Aachen und dessen
Kooperationsprojekten: mit dem Ludwig
Forum für Internationale Kunst Aachen
sowie dem Projekt zum Karlspreis 2022
um die Künstlerinnen Rufina Bazlova
(Belarus) und Vera Sous (Aachen).

LITERATURBÜRO
EUREGIO MAAS-RHEIN

über diese anthologie

Der Aachener Karlspreis 2022 ist diesmal ein besonderer Preis. Ein Preis gegen den Krieg, gegen die Gewalt – und endlich ein Preis an mutige Frauen:

Maria Kalesnikava, Swetlana Tichanowskaja, Veronica Tsepkalo

Bevor auch in unserem Land wieder Menschen für ihre Worte eingesperrt und ihre Bücher verbrannt werden, wollen wir uns auf friedliche Art – mit unserer Lyrik – melden. Bilder, Musik und Worte können stärker sein und länger bestehen als Waffen.

Die in diesem Band für Teil I und II zusammengetragenen Gedichte stammen von einem Projekt, das von unserem Lyrikfreund Martin Ebner angeregt wurde. Wir besuchten zwei kritische Ausstellungen im Ludwig Forum für Internationale Kunst und sind zu den dort gezeigten Exponaten in Dialog getreten:

Die Ausstellung „Blumensprengung" von Künstlerinnen der Sammlung Ludwig (14.3. – 13.9.2020)

und die Ausstellung „Bon Voyage" – Reisen in der Kunst der Gegenwart (13.11.2020 – 11.4.2021).

In dieser Anthologie wollen wir in Teil III den besonderen Karls-preis 2022 mit unserer politischen Lyrik begleiten.

Wir freuen uns über die geplanten Kunstaktionen verschiedener Künstlerinnen – Rufina Bazlova, geb. in Belarus, Vera Sous und Ana Sous aus Aachen und ihre Freundinnen.

Auf unsere Weise wollen wir mit politischer Lyrik ein Zeichen gegen Gewalt und Krieg setzen.

Wir bedanken uns bei allen Unterstützer:innen: bei Hartwig Mauritz, Leiter des Lyriktreffs, beim Vorstand des Literaturbüros, bei den Mitarbeiter:innen des Ludwig Forums und besonders bei der Künstlerin Vera Sous, die seit Jahren mit ihrer Kunst die Wunden dieser Welt, wie auch die Folgen verfehlter politischer Entscheidungen, sichtbar macht.

Aachen, im April 2022

Friedel Weise-Ney

autor:innen

-

(*a*) Anita Seo-Dornbach

(*b*) Birgit Bodden

(*d*) Dieter Hans

(*e*) Eva Boßmann

(*f*) Friedel Weise-Ney

(*h*) Hartwig Mauritz

(*j*) Joachim Stier

(*k*) Klára Hůrková

(*m*) Martin Ebner

(*p*) Peter J. Heuser

(*r*) Ralf Wolf

inhalt

I

Texte zu Exponaten
der Ausstellung *„Blumensprengung"*   11

II

Texte zu Exponaten
der Ausstellung *„Bon Voyage"*   43

III

Texte zur *Karlspreisverleihung 2022*   67

gedichte zu

„Blumensprengung" – Exponate von
Künstlerinnen der Sammlung Ludwig

Ausstellung im Ludwig Forum für
Internationale Kunst, Aachen

14.3. – 13.9.2020

einleitung

Kunst schafft neue Sichtweisen, nicht nur auf die Schönheit der Welt, sondern auch auf alte, immer noch präsente hässliche Verkrustungen und Probleme; sie kann im besten Falle in verschiedenen Sparten interagieren, die einander herausfordern und inspirieren.

Ich hatte einen freien Nachmittag und gönnte mir einen Rundgang durch die Ausstellung „Blumensprengung" im Aachener Ludwig Forum. Dort hatten die Kuratorinnen Annette Lagler und Myriam Kroll im Sommer 2020 Werke zahlreicher Künstlerinnen der Sammlung Ludwig wie zum Gespräch versammelt.

Es waren verstörende Fragezeichen beim Anblick von Nairy Baghramians ‚Damenrad', die mich zum ausliegenden Prospekt greifen ließen, und da veränderte sich plötzlich mein Blick auf die vier länglichen Objekte; sie begannen zu sprechen und formten fast schon von allein ein Gedicht.

Ich lud Lyrikerinnen und Lyriker des Literaturbüros Euregio Maas-Rhein (Aachen) zum Besuch der Ausstellung ein, und wir konnten ‚unser Päckchen' mitnehmen. Das ging umso anschaulicher, greifbarer in dieser Ausstellung von Künstlerinnen, die ihr ganzes Lebenswerk der eigenen Sichtbarkeit gewidmet haben.

Feminismus ist m. E. keine Attitüde, sondern die Aufforderung zur notwendigen gesellschaftlichen Auseinandersetzung, zum täglichen In-Frage-Stellen von blöden Ritualen, Gewohnheiten, Ansichten und Einstellungen mit fatalen Folgen für alle: Mädchen, Frauen, Jungen, Männer und die, die in diesen (zu) einfachen Binärcode gar nicht eingeschlossen sind.

Das Ergebnis unserer Arbeit ist diese Sammlung von Gedichten, die bestimmte Seiten einiger der ausgestellten Kunstwerke in moderner lyrischer Sprache les- und hörbar und damit auf neue Art erlebbar machen. Leider war es aufgrund der Pandemie-Beschränkungen nicht mehr möglich, einen geplanten „Lyrik-Rundgang" mit Publikum durchzuführen.

Ich danke allen beteiligten Lyrikerinnen und Lyrikern ganz herzlich für die wunderbare Zusammenarbeit und dem Ludwig Forum für die unkomplizierte und freundliche Aufnahme.

Aachen, im Oktober 2020

Martin Ebner

ein kletterwald

mit barfuß-pfad für emotionen
(weder lieb noch nett) ein wil-
der farben-dinge-mix lacht
an und aus!

als hättest du was besseres zu
tun, als sonntagnachmittags
vor diesem potpourri zu staunen
wo und was

und wie! geht da ein sound auf
reisen, wird musik und synäs-
thetisch poppig buntes rauschen
klappern!

keine schwarz geteerte zeit:
das mittelalter wird verkannt
wo bambus stützgerüste
baute

ⓜ wolkenschlösser, die aus
jedem rahmen fielen. alles
rundherum ist kunst, ist
(hand-)werk

umgewidmet, imperfekt – im
mittelpunkt dein spiegelbild:
wann, wo und wer willst du   zu Judy Pfaff (1982)
gewesen sein?   Untitled (Middle Ages)

Mein Kleid

Mein Kleid bestickt mit Wundtüchern
Nesseln und Klagen
ein Weh

ein Rot
beschmutzt, bespuckt
und eingerissen,

eine Hülle die nicht bedeckt
ein Pflaster das nicht tröstet
eine Angst die niederdrückt

dein Name eingeritzt
in meine Haut
in jeden Fleck getaucht

ein langer Schrei
der nie verstummt.

zu Eugenia Vargas (Ohne Titel, 2012)
https://eugeniav.typepad.com/.a/6a00e3933589e588340177449f07ba970d-pi

Im Sektionsraum | *aus eigener Erfahrung*

Die Frau mit dem Mundschutz
dem Kittel und den Gummihandschuhen
durchtrennt das blutige Kleid,
streichelt über gerissene Häute
mit Wattetupfern
zärtlich und gründlich
fährt sie alle Hautfalten ab.

„Abstriche muss ich nehmen",
flüstert sie dem Mädchen
ins bleiche Ohr,
dann wäscht sie das Kind
behutsam gleitet der Wasserstrahl
über den Bauch und die Scham,

ein Becken unterm Tisch
sammelt das Wasser
sammelt das Blut
und den Schmutz,
„Spuren suchen"
flüstert sie dem Kind ins Ohr.

Sie öffnet den schweigenden Mund
mit der Zange
fährt mit dem Tupfer über Wange und Zunge,
kein Lied kommt mehr aus der Kehle
kein Gebet, kein Schrei,

„Schlaf Kindlein schlaf",
singt die Frau mit dem Mundschutz
und streichelt das blutige Haar.

zu Heike Ruschmeyer

(Bolero, 1983-86)

Immer noch

sehe ich es
fühle ich es
wie es aus mir kommt

wie es trinkt an
meiner Brust
wie es blutet
in der Hand

als du es mir
entrissen hast.

zu Marta Maria Perez Bravo (Erinnerungen an unser Baby)

Die Versklavung des unbekannten Mädchens und Jean Amérys

an sie
Liegst wie aufgebahrt Du jenseits schon?
Vom Nichts trennt nur dein Blut
den todesmilchigen Schwarzgrund.
Fragen ist Bangen: Sollst Du aufwachen?
Folter hat Dir splitternd
ein Schulterzucken ausgerenkt.

an ihn
„Jetzt passiert's", ra ss elnd gemütlich, zu ihm, Sommer '43.

Es kann Euch nicht mehr geschehen,
alles ist abgegolten ab dem ersten Hieb.
Kein Weltklammern am Haken
schieres Fleisch seid ihr.
Reine Mechanik der Wucht,
die Arme verdreht über den Kopf.

Euer Leben ist ausübersetzt,
längst keine Chiffre mehr,
seit Euch der Ochsenziemer aus der Welt schälte.

Hast Du das Foltergesicht gesehen?
Hinter Amérys Haken steht ein Name.
Unbekannt und unbenannt,
ist bekannt und benannt
als das sich Breitmachende/Ausdehnende – in Dir und in ihm.

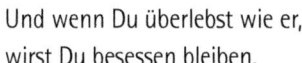

Und wenn Du überlebst wie er,
wirst Du besessen bleiben.

*(Anm. zu Vers 9) Zitat m Original: „Jetzt passiert's", sagte er rasselnd und gemüt-
lich zu mir."; in Améry, Jean, Jenseits von Schuld und Sühne, Werke 2, Stuttgart
2002, S. 72 (Jean Améry, Wien, 1912 – Salzburg, 1978)*

zu Heike Ruschmeyer (Bolero, 1983-86)

Altar

die Opferschalen voll
zerlegter Menschenleiber
für den Gang zur Ewigkeit
im aufgebrochenen Kreis

auf Stehlen abgeschlagene
Hände die nicht greifen
magische Augen und Sonnen
stürzen in die Finsternis

gespaltene Schädel
sie haben das Gehirn
und die Weisheit geschluckt
doch nichts hält

ein leerer weißer Platz
alles fällt
die Götter landen nicht.

zu Paula Ribariu (10 Stelen, 1997)

raumkürzung

einfach abgehängte (sprungfeder-)
gitter, doppel-bett-fragmente im
käfig-geviert, eine art (begehbare)
zelle

und darin verbrieft verfügbar unaus-
weichlich (um zeitnah zu verzweifeln)
fährt eine nackte birne am kabel
fahrstuhl

ändert sich die perspektive der wände
auf mich (als verschluss-sache) per-
manent wandern schatten durch mich
hindurch

in irgendein hohenschönhausen
(-zuhause) geworfen in eng ge-
hängte gitter, wo alpträume
triefen

zu Mona Hatoum (Installation Short Space II, 1992)

Mein Bett

ein offener Raum
Gitter vibrieren
quietschen und schreien

mein Bett
eine Gefangene_Zeit
den Körper vergessend
leuchtet die zerrissene
abgezogene Haut

auf Draht gespannt.

zu Mona Hatoum (Installation Short Space II, 1992)

Betonguss

Unter den Händen weiche Erde
bilden die Form, härten und hüten
und hüllen Leben in einen Hauch
mit warmen roten Lippen.
Aus den Schalen sprengen sie Hoffnung
wachsen Schädel, nackt und blind
Wiedergeburt und platzende Frucht
Himmelsgucker ohne Augen,
erinnern sie ans gelobte Land
Wer küsst ihren Stein gewordenen Mund?

zu NN (Betonskulptur)

so viel

kunst scheint im entwurf zu stecken
spuren der gesichtsfeld-forschung rot
und grün wie gurken und tomaten
schwarz und weiß kopiert und archiviert

im raum auf einer ‚crazy wall' das sammel-
surium als resultat-ensemble von ermitt-
lungen auf suche nach dem sein: die welt
geklappt, gestellt, gepinnt auf weißgrund

wechselnde formate einer eigen-schau
mit blick fürs wesentlich erscheinende, z.b.
frausein: ‚gurken und tomaten' sind es
sicher nicht!

(m)

zu Anna Oppermann (Gurken und Tomaten (Frau sein), 1968-76)

https://rp-online.de/kultur/austellungsrundgang-in-neuss-aachen-und-

koeln_aid-51622245

Vier Jahreszeiten (Malerei)

Winter

In deinem Winter will ich ruhen
gekrümmt als Randfigur
eingegraben
verschlepptes Licht
das glüht in den Furchen
ein Acker, ein altes Gesicht
im weit gewordenen Land
verwaschenes Rot,
das die Schatten befragt.

Sommer

Zwei Vögel grob gezimmert
Aus Öl und fettem Pinselstrich
Stolpern, stürzen aus dem hohen Blau
Der Horizont ist ein verkürzter Augenblick
zwischen Himmel und Meer
zersplittern Spiegelbilder,
Salzkristalle reißen die Augen auf
Weit wie nie
blenden im Abtauchen
wird ihr Flug sanft
die Bewegungen anmutig,
die Federn beginnen zu wachsen, zu blühen.

zu Irina Starzhenetskaya (Vier Jahreszeiten)

Gerädert

Es ruhen die Schläger
Folterwerkzeuge
Phallussymbole

unzerstörlich hart
unbe_greiflich
weich gebettet

ästhetisch strahlend
geputzte Raketen
ausgeruht
zum nächsten Angriff
bereit.

zu Nairy Baghramian (Damenrad, 2009)

kaputtzulachen

hielten sie doch eine stange für
so männlich, oben angebracht
(unangebracht) am rahmen
eines fahrrads

saßen mädchen früher auf
(im damensitz), weil radeln
was für männer wäre
frauen seitlich

auf dem pferd (im damensattel)
platz zu nehmen hätten, weil
der anstand anstand – unbeein-
druckt formt die künstlerin

ein greifbild dieses humbugs
mutationen als trophäen
weich gebettet (gegen
männerschnupfen)

endgerundet, (laminiert)
karikaturen – blau- grau-
grindwal – oder Moby's
Dick

ein anlass nachzudenken
ob der sog. kleine
unterschied kaputt-
zulachen ist!

zu Nairy Baghramian (Damenrad, 2009)

schafwolle knöpfe

wie präsente zum geburtstag
fein gestrickt gehäkelt schein-
bar liebevoll gestaltet passend
dass die kleinen

bloß nicht fremdeln müssen
in der neuen welt: ein onesie
für den pinguin und söckchen
für flamingo-,

condor-, nandu-füßchen, doch
das grinsen stirbt: die mutter
hat nie JA gesagt zur
‚hochzeit'

mit dem vergewaltiger. die vögel
kamen nicht aus seinem nest.
er fragte niemals, nahm sich
einfach alle

keine mitgift, sondern fessel
knebel und kandare knechten
indigene (vögel) in den
bunten netzen

zu Mònica Giron (Mitgift für einen Eroberer, 1993)
https://www.arte-sur.org/artists/monica-giron/

Mitgift

sagte die Oma und webte
Betttücher

Mutter bestickte Tischdecken
und für mich ein Handtuch
mit Monogramm

strick mir eine zweite Haut
Mutter
für die kalten Tage in der Fremde.

zu Mònica Giron (Mitgift für einen Eroberer, 1993)
https://www.arte-sur.org/artists/monica-giron/

Mokongos Umarmung

Zwei Gesichter
ohne Mund und Nase
Mokongo und ich

Er mit den weißen Augen
aus der hohen Nacht
Ich mit der weißen Maske
aus dem tiefen Tag

In seinem Stab
fließt der Atem der Urahnen
Bilder, die Weisheit schweigen
Verkehrte Gestalten
Der weiße Teufel
Der schwarze Gott
Kreuz, Schlange, Ziegenbock

Mokongo und ich
ohne Nase und Mund
heute im Museum
ein stummer Geheimbund

zu Belkis Ayón Manso (Mokongo, 1991)

Über die Einheit der Menschheit in all ihrer Vielfalt

-- Eine vorsichtige Evokation --

Ihr seid wie die Blumen
e i n e s großen Gartens
Eure Schönheit leuchtet im Abendrot
bevor die Nacht ihren Mantel darüber legt

Ihr seid wie tausend Blüten
an einem verwirrend schönen Strauß
der im Osten gepflückt
und im Westen überreicht wurde

Ihr seid die Farben des Tages
in den Schattierungen der Haut
die eure sehenden Augen
zu erkennen vermögen

Ihr seid das helle Licht des Morgens
und die schwindende Sonne der Dämmerung
die den Irrenden den Weg weist
bevor die Dunkelheit sie erreicht

Auch seid ihr der Wind des Nordens
der die Vögel auf ihren langen Wegen trägt
sodass sie die Kunde von der Einheit
auch im Süden verbreiten können

Mögen die Geräusche der Tiere
und das Schweigen der Pflanzen
euch immer daran erinnern
dass ihr eins seid

zu Miriam Shapiro (Geometry in Flowers, 1978)
https://gramho.com/media/1986464516418195875

Fleißige Lieschen ins Museum

Abgerissene Köpfchen,
treiben Detonationen
Sprengsatzfontänen.
In die männliche Suppe spuckt das Blumenbeet
Blumensprengung in Mausueeums Stille
Der Katalog gedenkt dagegen an,
gefällt in die Hand, die andere
blättert bruchstimmung Auf.
67 in den 70ern *innen der Kunst –
Explosion der Rollen,
atemverstohlener Liese entkommen
Stollenvortrieb ins Denkende, also vielleicht Mann,
– ihre provo bewegt,
ziert sich die Reaktion nicht –
schmiegen sich Lieschen eng an
versenken fleißig die *
folgt auf dem Fuße brüllend
Aufbruch und das Ende verkündend
schmaler Jungs,
eine neue Wertschätzung – nein:
Respekt
der neue Mann wie aus der Asche
soll wieder sorgen für Suppe unverdünnt.

zu Annette Wehrmann (Blumensprengungen, 1992-95)
http://ludwigforum.de/event/blumensprengung/

Teerosen_Augenblick

mein Bauch riecht nach Dir
schmecke deine Seife

Du suchst die Rosen
in meinem Blick

ich habe eine Mine
darin versteckt.

zu Annette Wehrmann (Blumensprengungen, 1992-95)
http://ludwigforum.de/event/blumensprengung/

sprengmeisterin

tante detonante – drei zwei eins
aus kübeln springen veilchen
freudig in die lüfte: knatter-
peng zisch bumm!

hochsteckfrisüren, hüte schütteln
sich verschrocken – weg-gesprengt
der ganze eingepflanzte frieden
hier im zoo aus waschbeton

ein hochzeitsfoto platzt vor aufruhr
angesichts des attentats auf die
kulisse (Ooos und Aaas anstatt
Spagheeetti) setzt man

frische (stief)mütterchen ins ordentlich
geharkte – lässt ein furz im klammer-
sack die meute wieder toben – weiter
oben giggelt's amüsiert

zu Annette Wehrmann (Blumensprengungen, 1992-95)
http://ludwigforum.de/event/blumensprengung/

sie haben Insektenaugen
die um die Ecke schauen
sie sehen dich durch
jede Mauer jede Tür,

sie haben Sensoren zum Riechen
besser als jeder Hund
wittern sie dich über hundert Meter
auch unter der Erde genau,

sie haben auch Ohren
deine Stimme gespeichert
brauchst nicht zu flüstern
sie wissen was du sagst,

sie haben dein Hirn gescannt
deine Gedanken gelesen
sie kennen deine Gene und
die defekte DNA.

zu Rune Mields (Nr. 26, 1969)

frage Rune Mields

aus einer tiefen perspektive, sitzend
(mit warmen füßen) wann wasser
aus den röhren schießt.

sie halten mir ihr trocken schwarzes
irgendwas entgegen, weder gas- noch
wasserleitungen.

die zwischenwand greift – unvorstellbar –
in die röhrenunversehrtheit ein, man
hat die aussparung absurd gesägt.

das licht von oben rechts hellt auch
nicht auf, wer hintergründig lauert
einerseits und

doch verbirgt vielleicht die künstlerin
sich selbst am abzug ihrer
doppelflinte.

(m)

zu Rune Mields (Nr. 26, 1969)

wach liegen

beide nackt: amor nach oben blickend
und nach innen, lächelt, bei sich
ruhend, tief entspannt. sie (psyche)
hat sich seitlich weggedreht,

die knie angezogen, schmunzelt in
die dunkelheit, die sich im gleißen
von vier deckenstrahlern den
betrachtenden

nicht leicht vermitteln will. getrennt
für sich (noch eben ineinander eng
verschlungen) glühen ihre roten
silhouetten leise weiter

zu Rune Mields (Nr. 26, 1969)

zwei nichts

gerahmte leere
unbeschriebene Seiten

nichts als licht
sind meine Gedanken

ist mein Sein
ein doppeltes Nichts.

zu Jo Baer (Vertical Flanking Diptych (Large, Orange), 1966)

schattenfuge (gedicht ohne text)

schwarz gerahmt, orange räumlichkeit
knapp oberhalb des weißen innen-
lebens vorgetäuscht. die bilder
werden noch gemalt

so vieles übertüncht das diptychon
(als doppelbild) zeigt klare grenzen
auf, erhebt das paar zur mindest-
anzahl (scheinbar

gleich im look). sie hängen einfach ab
und fühlen sich nur vollständig zu zweit
– was wär' schon ein
monoptychon?

doch jeder innenrahmen (in orange)
wirft unterschiede auf: beleuchtung
schatten von vorübergehenden
die zweiheit

schreit danach, geteilt zu werden
jedes schweigt sich aus bez. seiner
solo-pläne: platte leinwand eben
ohne tiefe

zu Jo Baer (Vertical Flanking Diptych (Large, Orange), 1966)

Fallen

wer nicht mitmacht
nicht in der Reihe geht
wer die falschen Worte formt

wird umgeformt
oder umgenietet.

Alles Pink

im Untergang

Brandstifter
brennen auch.

zu Lady Pink (Es lebe das Volk, 1984)

Corona im LuFo 1.10.2020

(Epilog)

Nicht mit Blitz fotografieren
Nicht im Uhrzeigersinn gehen
Nicht ohne Maske
Nicht auf die Bank setzen
Nicht abkürzen
Nicht anfassen
Nicht mitnehmen
Nicht filmen
Nicht wundern
Nicht kaufen
Nicht fragen
Nicht mit Jacke
Nicht ungekämmt
Nicht denken
Nicht atmen
„Wenn das der Meister sieht!"
Der Haus-Meister
hat das Haus-Recht

gedichte zu

„Bon Voyage" – Reisen in der
Kunst der Gegenwart

Ausstellung im Ludwig Forum für
Internationale Kunst, Aachen

13. 11. 2020 – 11. 4. 2021

einleitung

„*Nur wer bereit zu Aufbruch ist und Reise,*
mag lähmender Gewöhnung sich entraffen."

aus Hermann Hesse, Stufen

Fortgehen in die Ferne, um zurückzukommen – eine Tätigkeit, die Literatinnen und Literaten seit alters her fasziniert hat.

Schon Ilias und Odyssee sind auch als Reiseepen zu lesen.

Wohin aber reist man während eines pandemischen Kultur-Lockdowns im November 2020?

Z. B. in Gedanken zu einer Kunstausstellung, die gar nicht öffnen darf, von der es nur Bilder aus einer Broschüre bzw. auf der Homepage des Museums gibt.

Kopfreise sozusagen, eine verhinderte Reise, die in Gedanken stattfindet, aber nicht minder interessant werden kann.

Quelle der Inspiration war insofern vor allem der „Reiseführer", den das Ludwig Forum dankenswerterweise trotzdem hat drucken lassen.

Acht Autorinnen und Autoren des Literaturbüros Euregio Maas-Rhein haben sich auf diese Reise begeben und Gedichte produziert, die sich den Kunstwerken zuordnen lassen.

Diese Texte würdigte das LuFo im sog. „Reiseblog" zur Ausstellung, die Frau Gentges liebevoll online gestellt hat und die dort immer noch abrufbar sind. Herzlichen Dank dafür.
https://bonvoyage.ludwigforum.de/category/bon-voyage/index.html
(Aufruf am 8.4.2022)

Gehen Sie mit uns jetzt auf diese Tour – mit doppeltem Boden, aber ohne Fangnetz –, lassen Sie sich einfangen von der bildhaften Macht der Verse, und schalten Sie um auf die vielleicht etwas fremdartige Sprache der zeitgenössischen Dichtung.

Aachen, im Juni 2021

Martin Ebner

Been there, Gespräche mit Modibo 2007

I
Am Niger

Vielleicht ist es ein Traum,
in den die Piroge gleitet, rosé und sonnengelb,
auf der spiegelglatten Fläche der Erinnerung
welche die Fischer als schwarze Silhouetten
auf die Netzhaut malt.

Still fließt das Wasser gemächlich fort,
auf einer Reise ins Uferlose.
Zeit wird diffus und konturenlos
Der Niger, so heißt es, gibt eine Seele
nie wieder frei.

Als er ein Kind war, wollte der Bruder
Ihn ertränken im Fluss, wieder und wieder
hat er sich vom Grund abgestoßen, nach Luft geschnappt,
um gleich darauf
wieder unterzugehen.

Eine Frau stand am Ufer,
die hat es gesehn,
hat geweint und geschrien,
den Jungen am Ende
halbtot aus dem Wasser gezerrt.

Die Frau war Faro, die Wasserfrau
halb Fisch, halb Mensch, hat sie ihn
mit ihren Wasserarmen umfangen, hinabgezogen,
ihm ihren Atem eingehaucht
und schließlich ans sandige Ufer gelegt.

Sie wohnt im Fluss, geht manchmal an Land,
verwandelt in eine schöne Frau,
die Peulfrauen sind die schönsten,
kauft ein auf dem Markt,
verdeckt ihr Gesicht und niemand darf ihr
niemals in die Augen sehn.

Jetzt lebt er selbst , so sagt er und schaut
auf den flirrenden Horizont,
halb im Wasser und halb auf dem Land,
bringt nach altem geheimen Brauch
Opfer, dass Faro nicht zürnt.

Das Wasser scheint schwarz,
wenn die Nacht anbricht.
Im Strudel unter der glatten Haut
wo ein unruhiger Sog die Wellen kraust,
verbirgt sich Faro im Niger.

zu Via Lewandowsky (Never been there)

II
Im Dogon Land

Noch legt sich der bittere Geschmack von Gras und Gin auf die Zunge.
Noch pocht der Herzschlag der Hände auf Holz, im Trommelfell der
Rhythmus der Stößel
im Mörser wird die Hirse gestampft, rauh klingt der Schrei der Esel,
im Gepäck die Kolanuss, unser Geschenk für die Alten der Dogon.

Wir kauen mit ihnen diese Frucht vor den Hütten aus Lehm und Stroh.
Mit den Ahnen aus der Totenwelt leben sie hier unter einem Dach, unter
dem Himmel,
der immer noch trägt, alte Geschichten weitererzählt
von Yurugu, dem Blassfuchs, dem Zaubertier, von seinen Höhlen im
Totenreich,
aus dessen Erdbau Leben entsteht.

Er war der Beginn und die kommende Zeit, Urahn der Menschen, sah
Unglück voraus.
Dann ging er weg und zeigt sich nicht mehr. Und die Alten lasen die
Zukunft jetzt
aus den Spuren des tanzenden Fuchses.

Im Jägerhaus hingen Grisgris und Schädel von Vögeln und Füchsen,
man ging auf die Jagd nach dem Hühnerdieb mit Schrotgewehr
und Fallen, und mit den Grisgris machten die Jäger sich unsichtbar,

jetzt haben sie Flinte gegen Kalaschnikow getauscht, Menschenjagd,
Jägermiliz, wer gegen wen, zur Unterstützung der Regierung Angriffe
auf Dschihadisten, Ausrottung der Peul, Völkermord, Dogonjäger gegen
PeulHirten, Massaker von Ogossagou, die Miliz gilt als unkontrollierbar
(Jan. 2021)

III
Gao (Sept. 2020)

Unter der Wüstensonne
Bei lebendigem Leib,
sagt man
Haben sie ihn
So höre man
Weil er die Regeln nicht hielt,
weil er sich widersetzt habe,
vielleicht weil er gesungen habe

die Asche hat niemand begraben

zu Via Lewandowsky (Never been there)

kunstvoll

angezogen stapfen stiefeln stolpern zwei durch
ta-ge-wo-chen-mo-na-te-von-dorf-zu-dorf

von beiden enden (yin und yang) von kopf und
schwanz des drachens zueinander: miniaturen

vor der mega-mauer, zwischen hoffen und bangen
meer und wüste suchend nach ihrer mitte

nach heilung – zwei fremdlinge (yibu yibu) schritt
für schritt zum rendezvous – und aus bist du!

die antithese eines wieder-sehens, klar wie glas
und leer. geht jedes ICH zurück woher – kein

DU kein dich im gepäck – nur sich und dieses
große ganze klein-getreten, durchgelaufen im

hinauf-hinab erschöpfter angst, zu fallen in den
schmerz, die grenzerfahrung unvertrauter ferne

lauer liebe als performance vor größtmöglicher
kulisse; spielfiguren rot und blau

zig tausend kilometer auf dem rückgrat des er-
wachenden giganten – ein 16-mm-mythos.

zu Marina Abramovic (The Lovers, The Great Wall Walk 1988/2010)

weite eines innenraumes

(aus einer Zeit, als nur die Bilder reisen durften)

von hartfaserplatten prallt dein blick
zurück und vom geteilten himmel trifft dich
blau – ein vorhang aus schlechtwetter-
streifen. windpferde flattern bunt.

die raue meeresweite leckt am strand
als ob – dahinter sonne unter- oder
aufgeht; westen oder osten. die kulisse
wechselt szenen ausschnittsweise

farbig und schwarz-weiß reißt jemand
seelen-fenster in den skizzen-
block – für wechselwarme
impressionen (pssst!)

aus allen wolken fallen sie. kalt – strich-
weise regnen wird es auf plakat-
gemalte heimat-reste ohne
(echte) aussicht.

zu Ivan S. Čujkov (Variante II, aus der Serie Variante I–XII)

formerly

United Staates – zer-Trump-elt von
büffelhörnern auf elefanten-party

im porzellanladen weint eine
elder Lady um die Freiheit

vollgekotzt mit gift und galle
(wutgesicht beim blutgericht)

gar nicht so einfach, gegen-
stimmen wegzuätzen – gottseidank!

wer rumpelt, um sein stroh doch noch
zu gold zu stilzen, reißt mit

grässlichem geschrei die (formerly)
U.S. entzwei?

m

zu Jerry Frantz (République Libre de Clairefontaine)

Sonderzonenblues

Sagt da die Frau Schmitz etwa :
    Oh
    Groningen ....
    ist aber (!) auch (!) schön (!)

meint sie ungefähr : (ich maße mir an zu übersetzen :)

... ist eine dieser schönen Sonderzonen
da kann noch längst nicht jeder wohnen
an der Gracht
wo zum Tag die Nacht sich macht
in einer dieser schönen Sonderzonen

alles so clean macht die Gentrifikation
auch wenn ich da nicht immer wohn
ich miete mir ein Appartement
dass nichts mich von den locals trennt
wie clean macht uns die Gentrifikation

die Sonderzone streckt ihre Finger aus
der Preis steigt auch fürs Vorstadthaus
ins Umland träuft die Gen... Sie wissen schon
kassiere da Lebensabend-Lohn
wo Sonderzonen strecken Finger aus

ich miete mir ein Appartement
wo keiner mich als Schmitz erkennt
kauf mir ein Einliegerflat
mit Küche Bad Balkon komplett
ich kauf das ganze Sortiment

zu Talisa Lallai (Hyacinth Macaw)

Hitze

Im Echo der Farben einer Unterwasserwelt
vernimmst du Geräusche einer Reise
Die Nacht ist nackt sie ist
ein verfallener Tempel im Regenwald
wo Affen ihren Gott anbeten
und der Gong der Mönche die Hitze zerteilt
Unsere Haut atmet schwer
Wir malen Bilder an die Felsenwand
speichern Flüssigkeit wie Bäume
unter den erschreckend großen
türkisblauen
Schmetterlingsflügeln

zu Simon Faithfull (Expanding Atlas of Subjectivity)

Die rote Katze von Aquileia

Sie ist die Prinzessin der Pizzeria
von allen geliebt und geschätzt
Ihr leicht hinkender Gang
das schmale linke Auge
geben ihr etwas Menschliches
als ob sie nach einem schweren Unfall
etwas mehr Seele erlangt hätte

Jetzt lebt sie entspannt und frei
wie ein taoistischer Meister
im Hof des Restaurants
an der Zypressenallee
unter den Tischen
zwischen den Gästebeinen

Sie weiß genau
wer wir sind
und was wir vorhaben

Am letzten Abend
springt sie mir auf den Schoß
schmiegt sich an meinen Unterarm
und schnurrt mir zum Abschied
Weisheiten ins Ohr

zu Simon Faithfull (Expanding Atlas of Subjectivity)

Ein antiker Traum

Erst konnte ich nicht einschlafen
Und als ich erwachte
schwirrten die Marmorbüsten toter Römer
durch den Pinienwald

Morpheus
mit Mohnpflanzen in der Hand
führte mich an meinen Grabstein

zu Gerard Garouste (La barque de Phlégyas et ses gardiens)

Luft(t)raum

im Hohlklang der Motoren
dein Gruß fortgetragen
vom Gezeitenwind

bist du schon zu weit
als ich nach dir rufe
unsichtbar, fremdgeleitet

wie Flocken mich streifen und
buchstabieren im Gleitflug in
die schneebedeckte Landschaft

wo Irrlichter mit
abgelegten Schatten tanzen
zu Schuberts Klängen in Moll
Eisblumen aus Filigran
ritzen, linieren
meine viel zu dünne Haut

Augenblicksschärfe splittert
Notsignale durch meinen
irrlichtweißen Luft(t)raum

Reißleine oder freier Fall?

zu Philipp Goldbach (Tristes tropiques (Claude Lévi-Strauss))

Steppen-Wolf-Reisen

bin Kreis, Beuys
in Steppenlandschaft
aus-gesetzt, -gejagt, -gehetzt

tappe ich im Dunkel
kein Orion, kein Freundes.Blick
hellt meine Nacht. Auf

Jagd immer weiter
durch Stadt-Steppen
graue Savannen, nur
Asphalt.Staub geschluckt

Tiefebenen verlassen
gezogen in die Berge
höchste Gipfel bezwungen
darunter: Leere (sonst nichts)

Da, schrillt ihr Schrei
„Wildgänse ... durch die
Nacht" ich halte inne, lausche
und folge (rufend) dem Gerausche

(a)

zu Joseph Beuys (I like America and America likes me (Videostill))

Hospiz

Schmerz wegtröpfeln, bei allen
Sagversagen auf Zitterzungen.
Dorren letzte Früchte in Hallen,
die einsamsinken, zart
ruhen Astern über matten Herzen.

zu Fabian Knecht (Fred spuckt in den Pazifik (1980))

Fabian und Fred

Fred,
nah am Abschied, kindlich
klammert ihn seine Mickey-Mouse Decke.
Fabian hält ihm das Glas hin:
Wer in einen Fluss spuckt, der kommt wieder,
wer in ein Meer spuckt, den nehmen die Wellen mit,
der geht nicht unter,
der wird getragen werden.
Fred.
Für ihn reiste Fabian an den Ozean,
der Frieden macht.
Ein Versprechen.

Von West nach Ost.
Über die zerfurchte Dame Kontinent
über das Bärenland,
unter dessen Harnisch Melancholie die Weite da draußen beäugt,
an die Wurzel des Tages nach Tsu.
Tsu.
Tsu, in dem die Wellen ankern.

Dreinamig endet dort eine Heldenfahrt. Einer
trägt einen Krieger,
Yamato Takeru,
über Berge, gegen Eisregen, durch weite Ebenen.
Während sein Herz über den Himmel fliegt,
werden seine Beine müde, werden zu Rudern, zu Krummstäben.
Angekommen. Er stirbt.

Fabian
er geht einen Schritt weiter,
die Küste des Pazifik.
Wellen sind Nachen,
ihre Schäume Segel
und ihr Passagier ist jetzt Fred.

Anm. zu Yamato Takeru u. Tsu: „Kojiki", Schrift der Mythologie des frühen Japans

(um 712 n. Chr. niedergeschrieben); darin: Eroberung von Mie durch den Krieger

Yamato Takeru; in der Präfektur Mie liegt die Stadt Tsu.

zu Fabian Knecht (Fred spuckt in den Pazifik (1980))

Ins Fremde
tauchen

in die Seiten der alten Bücher
Sehnsuchtsorte sucht der Finger
auf den Karten
Lima, Peking, Bagdad, Rom,

wir dursten nach Bildern
wir dursten nach Gerüchen
nach neuen Gesichtern
Aus_sichten

auf Straßen und Plätzen
im Schatten unter dem
großen Blau
Fremde

sind auch wir
überall
in Worms, Andernach
und im Garten des Nachbarn.

zu Wolfgang von Contzen (Rheinansichten)

Deutscher Reisebefehl

In Erinnerung an den Abtransport der jüdischen Kinder aus Frankreich
in die deutschen Vernichtungslager

über den Morast der Felder
stolpern namenlose Kinder
weiße und gelbe Sterne
an den dünnen Mänteln

unter fliehenden Himmelsreitern
ducken sich geschorene Köpfe
vor den kalten deutschen Worten
Kristalle auf den stillen Lippen

Puppen im Eis begraben
auf schwarzen Traumstufen
blaue Augen blaue Füße
in kalten Flocken tanzen Raben

Soldaten am Kartoffelfeuer
reiben ihre Hände wärmen Waffen
es riecht nach Heimat
Omas Mittagstisch

der Schnee fällt leise
bedeckt die Toten in den Gräben
knistert wie gestärkte Leinentücher
mit dem Duft nach Mutters Seife.

Der Soldatenpriester tritt
die Erde glatt und zieht
den Rosenkranz aus seiner Tasche
Judenkinder sagt er

segne ich nicht.

zu Sven Johne (47 Faults
between Calais and Idomeni)

Zugvogel meines Herzens

In großem Schmerz lasse ich
Dich ziehen in ein fernes Land
Das Ziel heißt Deutschland
Dennoch drückt Sorge mich

Ausführlich hat man mir berichtet
Das väterliche Gemüt besänftigt
In Deutschland sollst du sicher
Und ruhig schlafen können

Wie wird es dir ergehen
Dort in fremden Städten
Wie wird man dich aufnehmen
Dort bei neuen Freunden

Ich wünsche dir Frieden
Des Herzens und der Seele
Aber auch die Kraft des Geistes
Einzustehen für deine Ideale

Und eines Tages!
Werde ich dich wiedersehen
Wirst du bis dahin
Kyjiv vermissen?

zu Vera Sous (Europa)

fern fern weh

Ich habe eine
Idee für eine
Reise – weit
reise ich
an den Universumsrand
wo die Totenseelen
sich verbergen und
ihr Leben leben

zu Jean-Olivier Hucleux (Friedhof V)

gedichte zu

Internationaler Karlspreis
zu Aachen 2022, verliehen an

die führenden politischen Aktivistinnen
aus Belarus

- Maria Kalesnikava
- Swetlana Tichanowskaja
- Veronica Tsepkalo

Christi Himmelfahrt, 26. 5. 2022

einleitung

Mit Worten gegen Diktatur und Krieg fechten? Und ausgerechnet Lyrik? – Ja, ja, ja und nochmals ja! So viele (mindestens seit Homer) haben im und gegen den Krieg gedichtet.

In der neueren deutschsprachigen Literatur seien stellvertretend Georg Trakl, Rose Ausländer, Bertolt Brecht, Nelly Sachs, Erich Fried und Herta Müller erwähnt.

Letztere hat – wie Nelly Sachs – u. a. wegen ihrer Positionen zu Diktatur und Exil den Nobelpreis erhalten. Das Thema Beschädigung/Trauma ist ihr wichtig: *„Überall war Angst. Zum Verwalten der Angst brauchte der Alltag die Korruption. Sie ist die Ökonomie der Unterdrückung"*, berichtet sie über die Verhältnisse im Rumänien Ceaușescus, ein System aus Staatsterror und täglichen Kompromissen.* *„Die Zeit ist ein Dorf, und die Angst hat das kürzeste Gesicht"*, heißt ihr lyrisches Credo für Freiheit in der Diktatur.

Kunst setzt Freiheit voraus und thematisiert sie permanent neu, wenn sie Kritik übt an gewohnten Sichtweisen und scheinbaren Gewissheiten. Der künstlerische Dialog mit solchen Werken (vgl. Kap. I und II) ist ebenfalls Ausdruck von Freiheit.

Kapitel III widmet den taffen Frauen der belarussischen Opposition ein thematisch vielfältiges Feuerwerk politischer Lyrik: **Maria Kalesnikava, Swetlana Tichanowskaja** sowie **Veronica Tsepkalo** wurden im Wahlkampf 2020 ihre zentralen Akteurinnen. Besonders nach Lukaschenkos Wahlbetrug waren sie und ihre Familien von staatlicher Willkür bedroht. Letztere wählten das Exil, Kalesnikava blieb und wurde in einem Schauprozess zu elf Jahren Haft verurteilt.

Unsere *wort_gefechte* legen Finger in Wunden, um anzuprangern; ergreifen Partei, um zu ermutigen; reichen Hände, um solidarisch zu sein, auch und gerade mit den Völkern Osteuropas, für eine freie Zukunft in Würde und Selbstbestimmung und damit gegen Menschenverachtung, Aggression und Korruption, gegen Regime, die nichts mehr fürchten als die Wahrheit.

Lyriker:innen schreiben gerade, wenn es weh tut. Dazu gehört auch eine kritische Sicht auf den Namensgeber des Preises für *Leistungen im Sinne der europäischen Einigung:* Kaiser Karl der Große wurde zwar heiliggesprochen, war aber alles andere als friedliebend. Er führte Kriege gegen die Sachsen (32 Jahre lang!), außerdem in Italien, Spanien und Ungarn, bevor er als „erster Einiger Europas" in die Geschichte einging.[**] Als mediale Zeugen des russischen Angriffskrieges auf die Ukraine wegen imperialer Machtansprüche wollen die Aachener Herausgeber:innen diese kritische Note hier bewusst anbringen.

Friedel Weise-Ney / Martin Ebner / Ralf Wolf

[*] *https://www.fu-berlin.de/sites/70jahre/festrede_herta_mueller/index.html*

[**] *Stiftung internationaler Karlspreis zu Aachen: Karl der Große und der Internationale Karlspreis (https://www.karlspreis.de/de/karlspreis/karl-der-grosse-und-der-internationale-karlspreis)*

morgen(ver)stimmung

der wecker schlägt mir
die augen auf, fixiert
den blick auf den nullpunkt
schnauzt was von neuer zeit

noch is die visage knitterfrei
beinah faltenlos, die aktuelle
zahlenkolonne marschiert
in die richtige richtung

trotz aller warnungen:
der morgen hält keinen abstand
die vöglein singen wie eh
und je mixen wir frustcocktails

und löffeln andächtig
die mit fakemus gefüllten
überraschungseier üben
eifrig den danse macabre

 in leeren einkaufsstraßen
und auf terrassen-distanz
bricht querdenkend
eine ganze welt entzwei

Wir sind das Volk ...

wer hätte das gedacht
schlag-wort, hass und hetze
fake news wird zur übermacht

Wir sind das volk ...
es steht uns frei

mit nazis im gleichschritt
zu demonstrieren, Geschäfte
und autos zu demolieren

Ich bin das volk ...
es geht doch so leicht

mit leerem kopf und voll-
mundigen parolen, die worte
von kant vom sockel zu holen

die welt aus den fugen
und was tun wir?

wir leiden mit werther
schmieden schwerter und
spalten damit uns und die welt

Rodung in Hambach

Den ganzen Tag wächst der Baum
Und nachtlang denkt das Kind an den Baum
sein Wachsen bei Tag und Nacht
wächst das Kind in seinen Träumen
steht der Baum
Wie ein Stern über dem Ort
Mit all seinem Wachsen
Tag und Nächte, Baum und Träume
Lauter Sterne über den Bäumen
lauter Bäume an dem Ort
Träume wachsen in dem Kind
In der Nacht in sein Denken
In seinen Sternen stehen Tage und Träume
An diesen Orten voller Sterne
Tag und Tage Nacht und Nächte
Wachsen Bäume über Bäume
Wachsen Kinder unter Bäumen
Stehen Sterne in der Nacht

In den Träumen wachsen Nächte
b Über Bäumen fallen Sterne
Aus dem Denken in den Tag
Tagelang nachtlang fallen Bäume
Aus den Träumen fallen Sterne, fallen Orte
Steht das Kind
Der Wald wächst weiter in dem Kind

(nach Nico Bleutge, daraus: „der Wald wächst weiter in dem Kind")

Gojda, gojda

Gojda, gojda, gut, gut
geboren im Ubahnschacht
gewärmt, liebkost, in den Schlaf gesungen
die Stimme der Mutter, der Heulton
schließ deine Augen.
Gojda gojda
mein herzliebes Kind.
wie aber sollst du
mit den Kirschbäumchen wachsen?
Hier kann keine Katze schnurren.
Das Kind wird schlafen.
Nichts ist gut.

nachtgewächse auf der wäscheleine
und auf dem sofa umschlungene beine
trugen uns mit dem ableben: wer wen und wer was wenn
du standst am fenster und sagtest der regen fließt dir
durchs gemüt, daneben ich seufzend, nur kleine taschen
wohin wenn es dunkel wird und dich die nacht raubt
gelegen wird auf pflegebetten, nur ich nicht, bette mich tiefer
etagenbett, falltüre, urnengrab.
nichts bringt uns hier heraus, nur eigene geschichten
tagelöhner, die die zeit stehlen und ein ringfinger
der bleiben versprach, vor langer zeit die aus dem
rahmen fiel.
der rest ist bergbesteigung, fallen, aufstehen, vielleicht
erfrieren, hypoxieschäden an herz&hirn, zu wenig
sauerstoff frisst die logik, wirst waghalsig, euphorisch
das ende still, du trinkst den schierlingswein
habe mir das singen längst abgewöhnt

e

im fötus zusammengerollt
auf dem sofa strandgut
so geboren heulend und wütend

kein halten keine milch
dem trost aus der tür gesprungen
auf dem absatz kehrt gefüttert

dennoch hungeraugen weit
die seele aufgesperrt mit angst und
fragen: ist die welt ein warmer ort?

am morgen nach dem skype
schließt sich die schrankwand
die dunkelheit der kleider

im sicheren geruch der mutter
schweigen finsternis
ecke in verschwimmenden augen

sie schluckt nicht sie würgt
pantomime in allen gesten gleich
gefangen im wiederholen

als schutzschild geschlagen
im staubsaugerrohr ein tiefer abdruck
auf den arm rot geblutet

die glasscherben die messer
die konservendosen schnitte wie ausatmen
füllen narben ihre zeit

einfangen das wildpferd
gezähmt vor dem güterbahnhof
endete die heldentat

eine getrennte schulter und zum ausweinen
ein paar dornen angelehnt an ein weiß getränkter
zäune, die landschaft kopf und ich mit allen messern

dort zwischen den rehen, den blätterwehen
eine sorte vogelorchester stehend im garten
mein schaufenster zum lilienzimmer, wieder weiß

muss den nächsten frühling in sprache tunken
trotz der trippelschritte polar bleiben
berühren mich die hecken, bleibe spaziergänger

Lesbos 2020

Wenn unterm Blau des Frühlings
Schlamm und Kot in Hütten
und in Zelte fließen,
schweigt Sappho
erstickt Hygieia
macht sich Hermes
mit Schutzmaske davon,

was nutzt das Raunen der Philosophen
wenn der vierte Reiter naht,

Gott geht online.

Veröffentlicht in Versnetze _14, Ralf Liebe Verlag

Der Poet

im Warteraum hinter Gittern
auf dem Beton des Lebens
träumt er weiches Moos,

hinter den Augenlidern
flimmert Eden
wachsen Flügel,
Trommelfelle zittern
wenn er singt
die fremden Lettern.

Diese Narben haben sie
sich selbst beigebracht
sagte der Sani-Täter,
Verräter verbrennen
mit ihrer Worte Last,

Eis zieht in seine Brust
schmilzt im Sonnengeflecht,
er schwimmt er taucht
in den Kopf der Medusa.

In Erinnerung an Aleksander Kulisiewicz,
den polnischen Komponisten der „50 Lieder aus der Hölle"

Veröffentlicht in Versnetze_12, Ralf Liebe Verlag

Europa

Unter deinen Dächern
liegt die Angst gewickelt
in blutigen Tüchern.

Auf den Straßen knallen Stiefel
sie verbrennen wieder Bücher,

Waffen werden brechen, rosten
und vergehen,
Worte stehen immer wieder auf
und stehen.

Heimatlied

Frau Deutschmann trägt die alten Stiefel,
an denen Blut und Asche kleben.

„Hier ist kein Land zum Bleiben",
ruft sie den Fremden zu,
Flüchtlinge haben Unwetter
in den Köpfen und Wünsche im Gepäck.

Heimat ist ein Familienfest
mit Schweinebraten und Klößen
einem Hund auf dem Sofa
und glänzendem Silberbesteck.

Erschienen in Versnetze _14, Ralf Liebe Verlag

Immernoch

sitzen kleine Männer
auf Knochenbergen

bellen
dieselben Befehle
beißen, zerfleischen
verbrennen

es treibt ein Wind die Asche
auf blutgetränkte Felder.

Waffenschmieden hämmern
immer noch, immer noch,

es gibt auch wieder
Seife um die Welt zu säubern,

wasche mich mit Pflanzenseife
bekomme den braunen Dreck
nicht weg,

sitze auch
auf Knochenbergen,
bin Deutsche
immer noch.

sie flüstern sich zu den ort, die stunde. ein abgerissener
fetzen am natodraht, seine wanderung und häutung
bewegungsmelder, stahlgeflecht. nachrichten spielen
mit den ziffern. sie prallen ab in diesem bild sehen sie
den ort sich in die landschaft krallen. *metallhaken
ums handgelenk. stahlschrauben in die schuhe.* sie stürzen sich
ins wärmebild. in die drahtmaschine klettern hundert hände
rote flecken am zaun entlang hocken sie und warten
zaun um zaun wächst ein in diese haut. hunde bellen
ceuta. *sie dürfen alles, nur nicht schießen.*

h

Erschienen in „zentralgestirn", Rimbaud-Verlag, Aachen 2020

juni dreiundsechzig, adenauer und kennedy. der rias meldet
trockenes wetter. sein blick aus dem fenster. steine, sperranlagen
die mauer strebt höher, eine kohlenhalde frei einsehbares gelände
feldstecher, stacheldraht. unter der erde gräbt er sich dichter
ans grundwasser heran. die schaufel hebt dunkelheit, sandschichten
manchmal betonharten lehm. immer wieder bricht wasser ein
unter stützbalken, pumpen verwirft er den boden knietief
sticht der spaten die stille lagert nachts nebenan. wasser tropft
der fluchtlinie folgend ein graben, ein hacken hinter den schlagbaum
wo sich ein verirrter gedanke verschanzt, zieht er den strich, justiert
damit er den richtigen hauseingang trifft. das radio meldet
trockenes wetter. **immer ist das wasser schon da.**

Erschienen in „zentralgestirn", Rimbaud-Verlag, Aachen 2020

leuchtkugeln, die luft stellt sperrwände auf
waldschneisen weisen den grenzverlauf. der kolonnenweg
frischgeeggt fußspuren, sperrgräben, **staatsgrenze west**
der wald trägt nadeln, uniform. noch fallen bäume
für minen, gegen grenzverletzer rücken dörfer ab
stahl tauscht landschaft unter augen, die mit dem fernglas
zielen. hunde wittern in den wunden deine spuren.

h

Erschienen in „zentralgestirn", Rimbaud-Verlag, Aachen 2020

Nekroromantik

Als du aufwachtest, brannte das Haus – ...kraj-
selnd, seelenfressend vom Fassadenrand.
Aufstrebendes kracht im Hagel aus Metall.

Du blickst zurück, während des Schauers
vergifteter Worte, auf Versprechen gemeinsamer Tische,
Als du aufwachtest, brannte das Haus.

Kreideweiß die Skulpturen des Knochenhauers
der mit Toten das Leben beschwört.
Aufstrebendes kracht im Hagel aus Metall.

Die Alten kartierten einst Massakergräber
die sie nach verlorenen Schlachten zuschaufeln mussten
Als du aufwachtest, brannte das Haus.

Ihre Nachkommen können die Karten nicht lesen,
rollen Tanks über nicht vernarbte Krusten.
Aufstrebendes kracht im Hagel aus Metall.

Wir glaubten Welt in ausgedeuteten Händen,
doch sie sind hohl – durchrieselt vom Stundensand.
Als du aufwachtest, brannte das Haus.
Aufstrebendes kracht im Hagel aus Lügen – cry

Sie nehmen mir die Sonne

Gedenken an Günther Levano, Aachen 1927 – Magdeburg/
Buchenwald 1944

Ich trage mein Schicksal im Namen
‚loro mi levano‘, das ist italienisch und heißt, „sie nehmen
        mich weg".

Ich bin 1927 geboren und werde Euch erzählen,
was mir, ein Kind wie Ihr, passieren wird.

Zuerst werden sie mir Euch rauben:
Ein Judenkind darf nicht in Eure Schule.
Ich werde auf die Judenschule gehen müssen.
1935 – da werde ich 8 sein.

Dann werden Sie mir meine größte Hoffnung rauben:
Von Polen nach Palästina –
Rettung für mich, für meine Familie.

Doch die Wehrmacht wird Polen den Polen rauben – 1939.
Sie werden mich zurück nach Deutschland schicken.
1941, da werde ich 14 sein.

Dann im Dezember, wenn Ihr in Aachen Weihnachten feiert,
werde ich nach Riga abtransportiert – Ghetto und
KZ – „Kein Zurück".
1941 – mit 14 werde ich im Vorhof der Hölle leben.

Dann wird die Rote Armee kommen,
die Befreiung von Riga ist nah.
1944 – da werde ich 17 sein

Doch sie werden mich nicht da lassen.
Sie werden mich nach Stutthof in Polen schaffen.
Das KZ Stutthof, das liegt am Meer –
ich werde die Salzluft der Freiheit über der Ostsee riechen.
1944 – da werde ich 17 sein.

Der Krieg wird noch ein halbes Jahr dauern –
dann wäre ich 18 geworden,
doch da wird es mich schon nicht mehr.

Mi levano il sole –
sie nehmen mir die Sonne.

Was bleibt

Wie willst du überleben
wenn du Stück für Stück
deine Seele in den virtuellen
Weltraum schickst
Faden für Faden
einer tibetischen Gebetsfahne
aus echtem Menschenstoff?

Aber vielleicht soll es so sein
Am Ende bleibt doch ohnehin
nichts übrig
bis auf die schwache Spur
deiner Worte
in anderen Gedächtnissen

k

Die Prostituierten

Die Prostituierten
schweigen
Sie schreiben keine Blogs
von Urlaubsreisen
und über ihren Alltag
Die Vereinbarung von Familie und Beruf
ist für sie schwierig
Sie laden ihren Vater nicht
zum festlichen Mahl am Sonntag ein
Er ist nicht stolz auf sie
Die Prostituierten
verbringen ihre Abende nicht
beim Fernsehen mit Mann und Kind
Sie suchen sich kein Haus
am Stadtrand aus
wo sie einen Gemüsegarten
anlegen könnten
Sie gehen nicht
zu Sprachkursen der Volkshochschule
stellen sich nicht der Gruppe vor
„Hi, my name is Anna. I work as a prostitute."
Sie wissen nicht
wo sie ihre wohlverdiente Rente verbringen
falls sie sie erleben.
Die Prostituierten leben
hier
in einem Land,
wo jeder leben will

Hypatia

Irgendwo im Gedächtnis
blieb ihr Schatten
Den Namen, sagst du
hast du schon gehört

Planetenbahnen berechnet
Wege der Sterne erforscht
nun liegt das Astrolabium
in einer Blutlache
Daneben gebrochene Münder
gestürzter Götter

Der Mond über Alexandria
schließt die Augen
wenn die Gotteskrieger
ihre Schwerter ziehen
der Patriarch neue Gesetze verkündet
das Feuer im Leuchtturm verlöscht
die Bibliothek brennt

Sie war eine Gelehrte
Philosophin, Mathematikerin
und Astronomin

Wie seltsam diese Berufsbezeichnungen
mit der weiblichen Endung
heute immer noch klingen!

Wie ätzend
der Eifer ihrer Folterer
immer noch in der Kirche riecht

Wie peinlich
dieses Gerede
von Rationalität
und Emotionalität

wort_gefechte

wörtersalven feuern auf die furien
der diktaturen lächelnd, bunt und
widerborstig der idee Europa auf

den versen musen/meinung sprudeln
lassen: quell für durst-demokratien!
covid19 machte tropfen nippen, aber

millionen (nicht nur Ost-Europa) klebt
der mund verstummt von blut und blei!
wir dürfen blumen/strophen sprengen

reisen/wachsen (wie auch immer) zünden
reim-raketen für (drei) taffe frauen als app-
laus für ihre tour de force ins neue Belarus.

Was haben Sie am Mo., den 26.9.'83 getan; ich war am Ende des Grundwehrdienstes und stand kurz vor dem Beginn meines Studiums. Die Weltlage war sehr gespannt, immerhin schossen sowjetische Soldaten kurz zuvor über Sachalin ein südkoreanisches Passagierflugzeug ab. Es war die Zeit des Nato-Doppelbeschlusses und der Friedensbewegung. Da handelt ein russischer Soldat außergewöhnlich:

Stanislaw Jewgrafowitsch Petrow (26.9.1983)

(oberstleutnant), folgt nicht, wie befohlen, antrainiert und
auswendig gelernt: denkt selber, prüft sich, reagiert
beherzt und tut das einzig richtige für sich und unsere
welt – für mich ein held

lässt nicht die rote taste drücken: der globale overkill
bleibt (nochmal) aus. wir wissen heute, dass sich sonnen-
strahlen auf den wolken von montana spiegelten
ein wirrer satellit und ein computer irrten.

Stanislaw, für dich dies kleine monument: dein konterfei
ziert keinen boulevard in Moskau, Washington, Berlin
zusammen mit den größten aller zeiten, keinen stern in
Hollywood (noch nicht mal einen platz in Bonn).

kurz nach der

Olympia-farce in Peking, Putins
history-märchenstunde zur
Sowjetunion.

groß-möchtiger klein-geist ver-
schiebt bornierte grenz-werte
auf blutige felder, lässt lebens-

(t)räume platzen unter bomben
und raketen, gefrostet in u-bahn-
höfen eingekellerte seelen und

tauben. der glaube an tauwetter
zerfetzt, erfroren in kratern, in
gräbern: Kiew, Charkiw, Mariupol.

m

europa

visionäres brücken-bauen
über-hecken-springen
zäune-über-fliegen teller-
rand-bedenken-loses
barrikaden-verwerfen

oder

klein-garten-vereinigtes
stammtisch-hoheits-volles
süppchen-kollektiv
mit maschen-draht-
mentalität?

leih mir

deinen bomben-himmel
deine keller-nächte, deine
angst vor einem treffer
schieß mir bitte vor

weil mir kein nachbar
nach dem leben trachtet
krieg erklärt bzw. auf mich
schießt. geteiltes leid geht

über grenzen, öffnet augen
sieht, was ist, als wenn wir
brüder oder schwestern
wären ohne rücksicht auf

verluste borgten wir einander
unverdienten frieden gegen
unverdienten krieg in dieser
besten aller welten.

m

die nacht hat viele lichter raketenblitze

granatenzauber menschen kämpfen flüchten
drohnen schauen schießen schweigen
waffen starren bellen durch unsere träume
die macht droht diplomaten kreisen
friedensangebote krepieren im kanonenfeuer
bei krauss-maffei und rheinmetall
gehen die lichter nicht aus

Freiheit

Nur Lichtflecken in
versteinerten Gesichtern
von Wachsoldaten
auf den Straßen Stille
in der Allgegenwart
von Panzern pflücken
Kinder im Park
blutige Früchte
wir hören das Gerassel
der Kettenhunde
und Gesänge
aus den Kerkern

p

im morgenland brennt der horizont über toten augen
verschließt sich der himmel schmähet nicht den propheten
zorn wird euch hinweg fegen alle macht dem frommen schein
menschen flüchten wie geprügelte hunde ins abendland
naht die zeit der rattenfänger angst macht reiche beute
furchtet euch nicht engel werden euch schützen

vor Waffen und schwerem Gerät
schickt die Politik verängstigte Soldaten
und mutige Drohnen ins Krisengebiet
der Krieg findet in den Köpfen statt
wenn die Einschläge näher rücken
helfen weder Gebete noch die Liebe
der Krieg kennt keine Regeln

Der Krieg ist aus – gegangen

mit Raketen, Granaten, Minen
um den Globus zieht er
seine blutige Bahn
hinterlässt Krater, Trümmer,
Leid und Tod
Aktienkurse steigen
Trauer bleibt
blinde Wut

kunduz 2009 / mariupol 2022

gekränkte tauben auf atmenden giebeln vor-
über das spiel das die köpfe verband trotz
klaffender wunde ein tröstendes wort zur
unrechten zeit sie erstarrt angesichts
des kollateralschadens

r

räume & träume

wir können räume bauen
wir können träume rauben
in den räumen die tauben
glauben uns nicht mehr
sie starten versuch um versuch
verzweiflung im gefieder
fieber in den adern

der raum ist kalt
wo ist das fenster
gibt es die freiheit
jenseits der mauern ?

Windrose

Rufinas Widerstand im Fadenkreuz

Solidarisch sticken wir
roten Kreuzstich auf weißen Grund
aus dem Exil versteht sich

Nebenan werden weiße Tücher
über Leichen geworfen,
rotes Blut
liegt auf dem Asphalt

b

Rufina Bazlova lädt mit einem Kunst-Projekt FRAMED IN BELARUS zu Solidartätsbekundungen mit den inhaftierten politischen Aktivist:innen ein.

In traditionellen Kreuzstichtechniken mit rotem Garn zeigt sie Motive, die den Protest der Bevölkerung gegen das Unrechtsregime in ihrer Heimat beinhalten.

Die Künstlerin Vera Sous, die mit ihren textilen Arbeiten seit Jahren politische und gesellschaftliche Themen visualisiert, hat sich gemeinsam mit anderen Frauen aus Aachen an diesem Projekt beteiligt.

Vera Sous hat auch an der Ausstellung „Bon Voyage" im Ludwig Forum teilgenommen. Hier zeigen wir einen kleinen Ausschnitt aus ihrem Werk.

Textile Objekte der Künstlerin Vera Sous aus der
Ausstellung „Exodus", Raum für Kunst, Aachen 2019

Textile Objekte der Künstlerin Vera Sous, Aachen,
aus der Ausstellung „Bon Voyage", Ludwig Forum
11/2020 – 4/2021

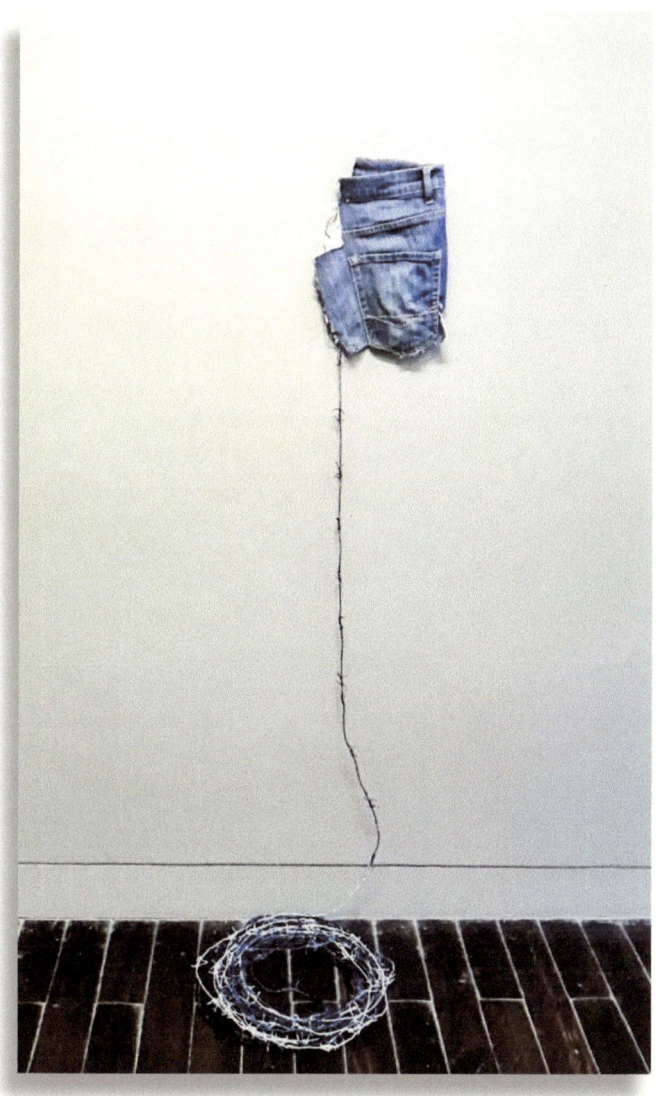

„Europa"

Arbeiten nach Entwürfen der belarussischen
Künstlerin Rufina Bazlova

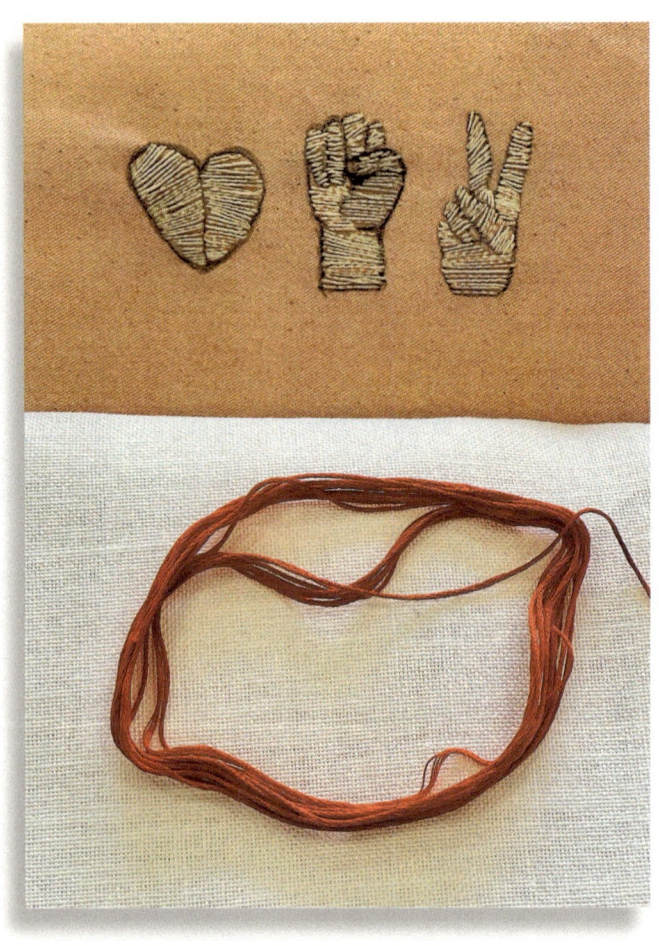

Ausstellung und Lesung
EIN ROTER FADEN

Drei rot bestickte, weiße Kleider schwebend vor einem riesigen Bildteppich als Symbol des Widerstands: In der gemeinsamen Installation der Frauenkunstwerkstatt Spectrum (Rheinischer Verein), angeleitet von der Aachener Künstlerin Vera Sous, den Frauen des Sticktreffs Aachen und der Künstlerin Rufina Bazlova, verbindet sich der weibliche Charakter der belarussischen Revolution mit der weiten Landschaft des osteuropäischen Landes. Ein starkes Zeichen solidarischen europäischen Miteinanders.

Am Samstag, 28.05.2022, findet im Rahmen der Ausstellung in der Aachener Aula Carolina eine Lesung mit politischer Lyrik von Aachener Lyriker:innen statt:

Aula Carolina (Pontstraße 7)
Samstag, 28.5.2022, ab 12 Uhr
„wort_gefechte" – politische Lyrik
Lesung und Livemusik
Eintritt frei

Vera Sous, „Broken Roses" (textiles Objekt) – www.vera-sous.de

die autor:innen

Alle in diesem Band vertretenen Lyriker:innen sind Mitglied im Literaturbüro in der Euregio Maas-Rhein e. V.

Anita Seo-Dornbach
*1950 in Alsorf, lebt in Heerlen/Niederlande.
Sie schreibt niederländische und deutsche Lyrik sowie Kurzprosa.
Inspiriert von Martin Buber, dem großen Philosophen der Ich-und-Du-Beziehung, vertritt auch sie den Standpunkt: Jede echte Begegnung ist der Beginn eines Dialogs.
2011 debütierte sie mit „ijzel omlijnd", niederländische Lyrik und Kurzprosa in der Reihe „Hic enda Thu" (Jetzes & Roebroek Verlag).

Birgit Bodden
*1957, lebt und arbeitet in Aachen
- MA Germanistik/Philosophie, RWTH Aachen
- unterrichtet Deutsch, Philosophie, Literatur, Kreatives Schreiben
- Malerei: autodidaktisch und Kurse bei Outsider Art, Aachen, sowie Marlies Louis, Aachen, und Felix Eckardt, Sommerakademie für Kunst im Sozialen, Ottersberg
- Ausstellungen seit 2001
- schreibt Lyrik, Reiseberichte und Kurzprosa, gelegentlich Journalistisches.
- Veröffentlichungen u. a. in der Zeitschrift „Das Gedicht" (Hrsg. Anton G. Leitner) und der Anthologie „Versnetze" (Hrsg. Axel Kutsch).

Dieter Hans
*1952, Lyriker; Essais und ein Roman („Cythera Escort"); als chronischer Aachener ohnehin immer mit einem Fuß im westlichen Ausland, auf der Suche nach den Hesperiden .... wie schon im lyrischen Roadmovie „Der kranke Chauffeur".

Er veröffentlicht häufig Gedichte in Anthologien und literarischen Zeitschriften; war Initiator von und Teilnehmer an kooperativen Projekten mit Musikern, Schauspielern und darstellenden Künstlern im Aachener Philosophie-Forum ‚Logoi' zu Shakespeare, Proust, Musil.

Buchpublikationen:

„Der kranke Chauffeur", Shaker-Verlag 2019

„Belle Vue" – neue Gedichte aus und über Frankreich, ver-, gelegentlich entzaubert, unverbesserlich. Shaker-Verlag 2020

Eva Boßmann

*1964 am linken Niederrhein, lebt in Vaals/NL und Aachen

– Veröffentlichungen in deutschen und belgischen Anthologien

– Preisträgerin PostPoetry NRW 2013

– 2015: „farben.blind", Gedichte, Geest Verlag, Vechta

Friedel Weise-Ney

*1952 in Saarlouis, lebt in Aachen.

Ärztin, bildende Künstlerin (Malerei, Fotografie und texile Kunst), Lyrikerin, Autorin von 8 Lyrikbänden, 7 Prosabänden; verschiedene Veröffentlichungen in Anthologien und Kunstbänden; Gruppen- und Einzelausstellungen; Mitherausgeberin von Anthologien; verschiedene Preise für Kurzgeschichten. Viele, auch längere Auslandsaufenthalte, u.a. ein Jahr in den USA.

Bücher (zuletzt erschienen):

„Aus_Wege", Erzählungen, Ralf Liebe Verlag 2021

„Manchmal jaulen, manchmal tanzen wir", Anthologie, BoD GmbH 2021

www.weise-ney.com

Hartwig Mauritz
*1964 in Eckernförde, lebt in Vaals/Niederlande.
- 1983-1990 Studium der Elektrotechnik in Braunschweig
- Seit 1995 Lehrer für Elektrotechnik und Technische Informatik am Berufskolleg der StädteRegion Aachen in Alsdorf
- Ehem. Vorstandsmitglied im Literaturbüro in der Euregio Maas-Rhein
Veröffentlichungen/Publikationen:
- Beiträge in diversen Literaturzeitschriften
- Beiträge in Anthologien, u. a. „Jahrbuch der Lyrik" 2011, 2013, 2019, 2021; „stadt land fluss", Lyrik der Gegenwart, Lilienfeld Verlag 2014 (Hrsg. Jürgen Nendza, Hajo Steinert)
Einzeltitel zuletzt:
- „wälder kommen auf uns zu", Rimbaud-Verlag, Aachen 2017
  „zentralgestirn", Rimbaud-Verlag, Aachen 2020
  „schwarze landschaft aus dem brillenetui nachts", Rimbaud-Verlag, Aachen 2021
Preise/Auszeichnungen:
- Dresdner Lyrikpreis 2012
- 2. Preis der Floriana 2014
- 2. Preis beim Feldkircher Lyrikpreis 2016

Joachim Stier
*1963, lebt in Aachen; von der medienbeschriftenden Zunft; Lyriker, Vortragender beim Lyriktreff Aachen.
Veröffentlichungen in Anthologien.

Klára Hůrková
*1962 in Prag, lebt in Aachen.
Studium der Philosophie, Anglistik und Kunstgeschichte. Lyrikerin, Prosaautorin, Übersetzerin, Malerin, Dozentin.
Herausgeberin von drei Deutsch-Tschechischen Lyrikanthologien.
Mehrere Buchveröffentlichungen auf Tschechisch, Deutsch und Englisch, zuletzt „Licht in der Manteltasche", chiliverlag, Verl 2020, und „Západní okraj zahrady", Dauphin, Prag 2021.
Mehrere Literaturpreise. Seit 2019 Mitglied im Tschechischen Zentrum des Internationalen PEN Klubs.
www.hurkovaklara.de

Martin Ebner

*1962 in Neuwied am Rhein, lebt in Aachen.

Seit über 30 Jahren in Aachen, Gymnasiallehrer.

Veröffentlichungen in verschiedenen Anthologien, zuletzt in:

Anton G. Leitner, Christoph Leisten (Hrsg.): Das Gedicht 27, 2019

Kutsch, Axel (Hrsg.), Versnetze, Verlag Ralf Liebe, 2017, 2020, 2021

Buchpublikation (gemeinsam mit Renate Fuchs und Ralf Wolf):

„Neunzehn Gedichte – Zeitgenössische Lyrik", BoD GmbH 2021

Peter J. Heuser

*1940 in Bremen; lebte in Köln, Düsseldorf, Frankfurt/M. und Kerkrade/NL, heute in Aachen, war Gewerkschafter in führender Position.

Er schreibt Prosa und Lyrik.

Veröffentlichungen in Zeitungen, Magazinen und Rundfunk.

Fünf Gedichtbände, zuletzt:

„Land – Stadt – Leute", Gedichte für heute, BoD GmbH 2021

„Das Geheimnis der Insel", Geschichten & Gedichte, BoD GmbH 2021

Ralf Wolf

*1959 in Wachtberg b. Bonn, lebt in Jülich.

Nach langjähriger journalistischer Tätigkeit heute freiberuflich als Lektor/Korrektor und Buchgestalter tätig.

Er schreibt Lyrik und Kurzprosa; Veröffentlichungen in Literaturzeitschriften und Anthologien, u. a. in der ostbelgischen Literaturzeitschrift „Krautgarten", im „Deutschen Lyrikkalender" (Hrsg. Shafiq Naz), der Dresdner Literaturzeitschrift „SIGNUM" und der Anthologie „Versnetze" (Hrsg. Axel Kutsch).

Mitherausgeber „Verse aus der Barockfabrik", BoD GmbH 2019

Buchpublikation (gemeinsam mit Martin Ebner und Renate Fuchs):

„Neunzehn Gedichte – Zeitgenössische Lyrik", BoD GmbH 2021

verzeichnis (alphabetisch)

Altar | 20

Am Niger | 46

Been there, Gespräche mit Modibo 2007 | 46

Betonguss | 23

ceuta | 82

Corona im LuFo 1.10.2020 | 41

Der Krieg ist aus – gegangen | 101

Der Poet | 78

Deutscher Reisebefehl | 63

die nacht hat viele lichter raketenblitze | 97

Die Prostituierten | 89

Die rote Katze von Aquileia | 55

Die Versklavung des unbekannten Mädchens und Jean Amérys | 18

Ein antiker Traum | 56

eine getrennte schulter und zum ausweinen | 76

ein kletterwald | 14

Ein Lächeln für den Frieden | 100

Europa | 79

europa | 95

Fabian und Fred | 60

Fallen | 40

fern fern weh | 65

Fleißige Lieschen ins Museum | 32

formerly | 52

frage Rune Mields | 36

Freiheit | 98

Gao (Sept. 2020) | 49

Gerädert | 26

Gojda, gojda | 73

Heimatlied | 80

Hitze | 54

Hospiz | 59

Hypatia | 90

Im Dogon Land | 48

im fötus zusammengerollt | 75

immer ist das wasser schon da | 83

Immernoch | 81

Immer noch | 17

im morgenland brennt der horizont | 99

Im Sektionsraum | 16

Ins Fremde tauchen | 62

kaputtzulachen | 27

kunduz 2009 / mariupol 2022 | 102

kunstvoll | 50

kurz nach der Olympia-farce | 94

leih mir | 96

Lesbos 2020 | 77

Luft(t)raum | 57

Mein Bett | 22

Mein Kleid | 15

Mitgift | 29

Mokongos Umarmung | 30

morgen(ver)stimmung | 71

nachtgewächse auf der wäscheleine | 74

Nekroromantik | 85

Nr. 26 | 35

räume & träume | 103

raumkürzung | 21

Rodung in Hambach | 72

schafwolle knöpfe | 28

schattenfuge (gedicht ohne text) | 39

Sie nehmen mir die Sonne | 86

Sonderzonenblues | 53

so viel | 24

sprengmeisterin | 34

staatsgrenze west | 84

Stanislaw Jewgrafowitsch Petrow (26.9.1983) | 93

Steppen-Wolf-Reisen | 58

Teerosen_Augenblick | 33

Über die Einheit der Menschheit in all ihrer Vielfalt | 31

Vier Jahreszeiten (Malerei) | 25

wach liegen | 37

Was bleibt | 88

weite eines innenraumes | 51

Windrose | 104

wort_gefechte | 92

Wir sind das Volk ... | 71

Zugvogel meines Herzens | 64

zwei nichts | 38